Sebastian Lee
1805–1887

# 40 leichte Etüden in der ersten Lage
## 40 Easy Studies in the First Position

für Violoncello
for Violoncello

opus 70

Herausgegeben von / Edited by
Hugo Becker

**ED 968**
ISMN 979-0-001-03236-0

SCHOTT

www.schott-music.com

Mainz · London · Madrid · Paris · New York · Tokyo · Beijing
© 1935 Schott Music GmbH & Co. KG, Mainz · Printed in Germany

# Vierzig leichte Etüden
### in der ersten Lage

Revidiert von
Hugo Becker

Sebastian Lee
opus 70

Der Schüler — *L'élève* — The Pupil

Der Lehrer — *Le maître* — The Teacher

Mit halbem Bogen — *Petit détaché* — With half the Bow

6

Mit ganzem Bogen — *Grand détaché* — With the whole Bow

Mit ganzem Bogen — *Grand détaché* — With the whole Bow

Mit ganzem Bogen — *Grand détaché* — With the whole Bow

In der Mitte des Bogens — *Du milieu de l'archet* — In the middle of the Bow

Schott Music, Mainz 13 302